HISTOIRE

DE

L'ORNEMENT RUSSE

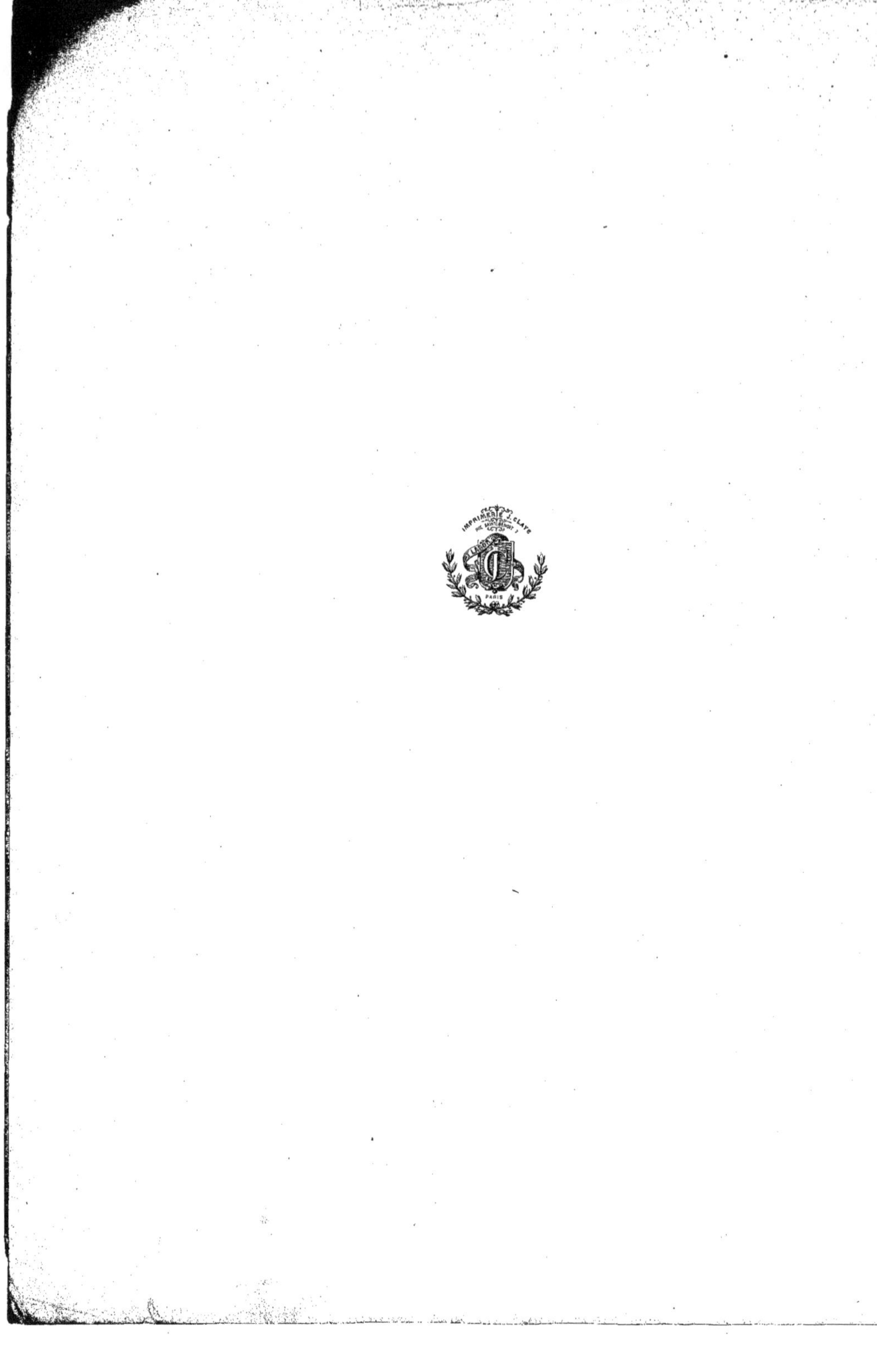
IMPRIMERIE J. CLAYE
RUE SAINT-BENOIT 7
PARIS

MUSÉE D'ART ET D'INDUSTRIE DE MOSCOU

HISTOIRE

DE

L'ORNEMENT RUSSE

DU Xᵉ AU XVIᵉ SIÈCLE

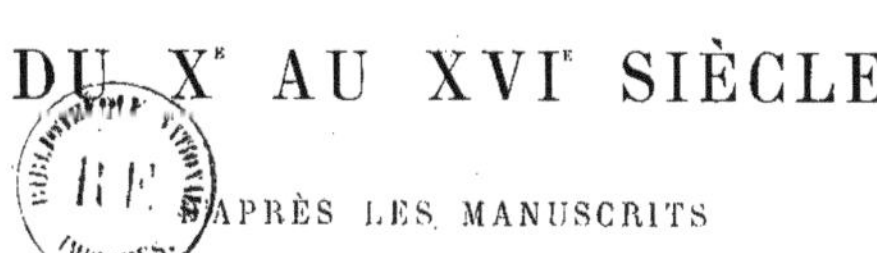

D'APRÈS LES MANUSCRITS

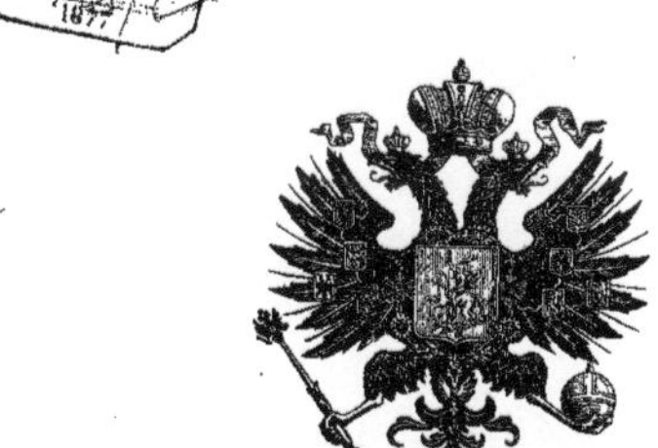

PARIS

Vᵛᵉ A. MOREL & Cⁱᵉ, LIBRAIRES-ÉDITEURS

13 — RUE BONAPARTE — 13

M DCCC LXXVIII

HISTOIRE

DE

L'ORNEMENT RUSSE

L'ouvrage que nous présentons au public a principalement un but d'application industrielle. Il tend à montrer aux artistes et aux artisans russes les sources et les types d'un vrai style national. Les reproductions *fac-simile* contenues dans ce recueil sont toutes empruntées à d'anciens manuscrits grecs ou slaves. C'est une collection de matériaux et d'idées à l'usage de tous les genres d'ornementation : dessins de fabrique pour tissus et pour impressions, décorations pour meubles et ameublement, œuvres d'orfévrerie, de bijouterie d'art, de ciselure, de repoussé, produits céramiques, gravure et peinture sur verre et sur cristal, reliures. Cette collection intéresse en général tous les travailleurs tributaires du dessin industriel. L'architecture y trouvera également un choix abondant de motifs pour ses décorations, tant à l'extérieur qu'à l'intérieur des bâtiments. Il y a en outre dans ces reproductions un intérêt archéologique : elles appartiennent à l'histoire de l'art. Par suite, il ne suffit pas d'exposer ici simplement le plan et la destination de l'ouvrage ; son origine et les principales sources auxquelles il a été puisé doivent être également indiquées.

L'idée de signaler à l'attention du public, et surtout des fabricants, les premiers éléments d'une ornementation originale, contenus dans les monuments de l'antiquité russe, appartient à l'École de dessin industriel de Moscou, qui porte aussi le nom d'École Stroganoff.

Fondée en 1860, ou plutôt formée par la réunion de deux anciennes écoles de dessin[1], l'École Stroganoff ressort au Département du commerce et de l'industrie.

---

1. Une de ces écoles existait depuis 1825. Elle avait été organisée par le comte S. G. Stroganoff, et c'est en l'honneur de celui-ci que l'École actuelle a pris le nom d'École Stroganoff.

Elle est destinée à former des dessinateurs de fabrique pour impressions et tissus et des ornemanistes pour ameublement, bronzes, orfévrerie, etc. L'enseignement est divisé en enseignement préparatoire, qui comprend trois classes ou cours, et en enseignement spécial, qui est composé de deux cours, chacun d'une année.

Dans les classes préparatoires, on enseigne à des jeunes gens de douze à quinze ans le dessin linéaire, le dessin géométrique, la perspective, l'académie, le paysage, les fleurs et les animaux d'après nature. C'est là que les élèves acquièrent les éléments artistiques, sur lesquels doit reposer l'éducation spéciale qui les attend dans les classes supérieures.

L'enseignement spécial se subdivise en deux branches : l'une est consacrée au dessin de fabrique proprement dit, à l'art de composer et d'exécuter les dessins pour tissus et pour impressions; l'autre complète les études de l'ornementation pour ameublement, orfévrerie, bijouterie, ébénisterie, bronzes, céramique, et de la décoration en général.

Pour être admis dans l'École, il suffit de savoir lire et écrire en langue russe, de connaître les principales prières et les quatre règles de l'arithmétique. Afin de contribuer au développement intellectuel et moral des élèves, à l'étude pratique de l'art, qui absorbe la plus grande partie de leurs occupations, se trouve joint un enseignement oral. Cet enseignement comprend, pour les cours préparatoires : la religion, la langue russe, l'histoire et la géographie, l'arithmétique et la géométrie. Dans les classes supérieures, les cours de religion et d'histoire sont continués; les élèves apprennent, en outre, les principes de la comptabilité et de l'esthétique, ainsi que les parties essentielles de l'histoire de l'art, tendant à les familiariser avec les origines et les traits distinctifs des divers styles. La calligraphie fait partie des études pratiques de l'École.

Grâce à cette combinaison des éléments de l'art pur, de l'enseignement oral et de celui du dessin industriel, l'École cherche à préserver ses élèves de la routine. Elle leur inculque les moyens d'acquérir, non-seulement l'habileté manuelle, mais, en outre, les dispositions nécessaires pour apporter dans leurs œuvres l'idée qui les vivifie, l'invention qui les renouvelle. Dans de pareilles conditions, les résultats des études ne peuvent se borner à la formation de copistes ou d'imitateurs; au contraire, ils tendent visiblement à doter l'industrie d'éléments artistiques indépendants. C'est le but principal que l'École s'efforce d'atteindre. C'est pour y arriver que, tout récemment, elle est parvenue à organiser un Musée d'art et d'industrie, et que des recherches et des travaux ont été entrepris pour tirer de l'oubli les anciens monuments de l'art grec et slavo-russe, qui a fleuri en Russie dans les siècles passés, afin d'y découvrir les éléments d'une ornementation industrielle originale.

Le Musée d'art et d'industrie de Moscou forme une annexe importante et éminemment utile de l'École Stroganoff. Il a été ouvert le 17 avril 1868. Il est organisé à l'instar de celui de Kensington à Londres, ainsi que de ceux de Lyon en France et de Vienne en Autriche; il comprend, d'après le projet de musée de M. Natalis Rondot, qui a été appliqué à Lyon et à Vienne, trois divisions : artistique, industrielle et historique. La division artistique se compose principalement de moulages en plâtre de sculptures antiques (361 numéros), de sculptures et d'ornements du style gothique (207 numéros) et du style de la Renaissance (151 numéros). La partie industrielle est représentée par des produits céramiques anciens et du moyen âge, de Grèce, de Rome, d'Italie, d'Égypte, du Mexique, de Chine, du Japon, de Perse, d'Espagne, de France, d'Allemagne; elle contient, en outre, des spécimens de l'art moderne de France et d'Angleterre (507 numéros); des tissus de l'Inde, du Levant, du Japon, d'Italie et de France (272 numéros); des ouvrages d'ébénisterie et de tabletterie chinois, germaniques, italiens, portugais, français, hollandais, scandinaves et slavo-russes (128 numéros); des émaux, des vitraux peints, des fontes d'art, des repoussés de Chine, du Japon, d'Italie, de France, d'Allemagne, de Suisse et slavo-russes (184 numéros).

La troisième section du Musée historique est consacrée en particulier aux monuments de l'art slavo-russe et de l'art byzantin. Elle comprend : 1° les antiquités russes en originaux ou en surmoulages de plâtre, recueillies à Moscou, à Novgorod, à Vladimir sur Kliazma, à Souzdal, à Péréiaslav (249 numéros); 2° les reproductions en peinture des œuvres anciennes de l'art slavo-russe en métaux, en bois, en pierres, en ivoire ou en tissus, placées actuellement dans divers dépôts publics et privés (151 numéros), et 3° la collection des copies fac-similé des ornements puisés dans les anciens manuscrits slavo-russes et byzantins (411 numéros). La plus grande partie de cette dernière collection est le fruit des recherches et des travaux entrepris par l'École Stroganoff en même temps que la fondation du Musée. Les reproductions qui forment le présent ouvrage proviennent de cette même collection.

Une question surgit ici : tous ces ornements ne sont-ils pas de l'art byzantin ? Peut-on sciemment leur attribuer une origine slave et les considérer comme des éléments de l'art national russe proprement dit ? Cette dernière opinion se trouve corroborée d'un côté par des rapports visibles, existant entre le style de ces ornements et celui dont sont empreints les produits russes de l'ancien temps et même de l'industrie populaire actuelle; d'un autre côté par les sources mêmes, auxquelles ces spécimens, ainsi que d'autres vestiges analogues, ont été puisés.

L'aptitude artistique du peuple russe peut être admise comme un fait irréfutable. Sans parler du caractère poétique des chansons nationales en Russie, du goût si prononcé du paysan russe pour la musique, il suffit de citer la recherche particulière qui préside au décor de sa demeure, de son mobilier modeste et peu varié, de ses simples et grossiers tissus. En parcourant les villages de la Grande-Russie, on ne saurait passer, sans arrêter un regard de satisfaction mêlée d'une certaine surprise, sur les formes hardies des toitures élancées des isbas[1], avec leurs faîtes et leurs corniches découpés à jour et rappelant les dentelles les plus fines, avec leurs maisonines[2] légères et capricieuses[3]. On se plaît à regarder les bordures à dessins multicolores, souvent

---

1. *Isba*, maison de paysan bâtie en bois.
2. On appelle *maisonine* la petite chambre qui est élevée au milieu du toit et au-dessus de la maison.
3. À l'Exposition universelle de Paris, en 1867, on a pu voir un des types des maisons de paysans en Russie.

d'une légèreté charmante, qui ornent les serviettes, les nappes, les chemises et les autres produits du même genre de travail rustique des villageoises russes. Qui n'a tenu en main diverses bimbeloteries confectionnées à la main par ces mêmes paysans, telles que manches à outils, salières, bahuts, coupes ou jattes en bois, dont les ornements, taillés au couteau et souvent coloriés, ne manquent ni de grâce ni d'harmonie? La même ornementation caractéristique se retrouve dans les chariots, les traîneaux et les bateaux des paysans russes. Le vêtement national de l'un et de l'autre sexe en Russie porte un certain cachet d'élégance; les couleurs vives y dominent, sans offenser l'œil par trop de bigarrures : simple et même grossier dans ses éléments, le costume russe présente de l'harmonie et se prête facilement, moyennant de légères modifications, aux exigences du goût le plus épuré.

Cette industrie de village a des origines fort anciennes : elle compte certainement des siècles d'existence. Les ethnographes et les archéologues y trouvent la trace des styles byzantin et oriental : ils sont fondés sans doute à l'expliquer par de longs et anciens rapports des Russes, tantôt avec l'empire grec, d'où ils ont reçu la religion orthodoxe, tantôt avec les tribus asiatiques, dont ils ont subi le joug, et qui maintenant reconnaissent en paix leur domination. Néanmoins un examen attentif de ces œuvres naïves y fait découvrir des signes d'une originalité *sui generis*. On est porté du moins à reconnaître que ces éléments artistiques, quelle qu'en soit la provenance, se trouvent assimilés par le peuple russe et profondément modifiés par l'application à ses usages. Dès lors ce ne sont plus des copies ni même des imitations, c'est de l'art indépendant, dans lequel on reconnaît les traces d'une influence étrangère.

Cette manière de voir est justifiée par l'étude de l'architecture des églises de la religion orthodoxe des xi⁰ et xii⁰ siècles et des siècles suivants. Les plus anciens de ces temples ont été édifiés dans le midi et le sud-ouest de la Russie actuelle; on peut encore en voir des spécimens bien conservés à Kiew et à Tchernigow. Tous ils se distinguent par un style byzantin pur et révèlent la main des constructeurs grecs. Il n'en est pas de même au nord-est de la Russie. Les vieilles églises de Vladimir sur Kliazma appartiennent également au xii⁰ siècle, mais l'influence byzantine n'y est plus aussi sensible. D'après les données tronquées des annales du temps, le premier des grands-ducs de Vladimir, qui fut le prince André Géorgiévitch, petit-fils de Monomach, désirant construire, dans la ville de Vladimir, la cathédrale de l'Assomption de la Vierge (Ouspenskoï Sobor), qui existe encore, fit venir des maîtres en bâtiment de la Lombardie. L'architecture romane, autrement dite lombarde, était alors dans son plein développement : une fois qu'elle eut pénétré en Russie, elle y laissa des traces indélébiles. Outre les églises de la ville de Vladimir, le type de la cathédrale de l'Assomption se retrouve dans les temples des xii⁰ et xiii⁰ siècles qui subsistent encore à Souzdal, à Péréiaslav, à Rostov, à Jaroslav, à Jourieff, à Zvénigorod. La même architecture est reproduite dans plusieurs églises de Moscou des xv⁰ et xvi⁰ siècles.

Il résulte de toutes ces données que l'art byzantin pur n'a pu exercer une prédominance exclusive dans la vieille Russie, dont les artistes fécondaient leurs inspirations à d'autres sources. L'étude de quelques monuments qui, tels que la cathédrale de Saint-Dmitri à Vladimir sur Kliazma, ont positivement été construits sans la participation d'architectes étrangers, semble démontrer qu'aux xiie et xiiie siècles il y avait déjà en Russie des maîtres nationaux affranchis de toute influence exotique. L'influence étrangère n'a pu, du reste, se maintenir : dès le xiiie siècle, elle a dû faiblir et même disparaître au nord de la Russie, par suite de l'invasion des Mongols et plus encore de l'organisation, sur la frontière occidentale de l'État russe, des voisins hostiles et puissants qui l'ont séparé pendant longtemps du reste de l'Europe. Ces mêmes circonstances et d'autres encore ont dû entraver les relations de la Russie avec le monde grec. Néanmoins cette époque d'isolement de la Russie est justement celle à laquelle se rapportent les monuments qui présentent une ornementation d'art remarquable, ayant son caractère propre et différant du style byzantin et de son dérivé le style roman.

Nous avons cité la cathédrale de Saint-Dmitri à Vladimir sur Kliazma. Ce monument a eu le privilége d'attirer constamment l'attention particulière des amateurs de l'archéologie. Pendant son séjour à Vladimir, l'empereur Nicolas Ier, voulant préserver d'une ruine complète cet édifice antique si remarquable, a ordonné le rétablissement de la cathédrale dans son état primitif. Grâce à la solidité du bâtiment, la volonté impériale a pu être facilement exécutée, et en 1847 a eu lieu l'inauguration de la cathédrale de Saint-Dmitri, complétement et exactement restaurée. Bientôt après, en 1849, le comte S. G. Stroganoff fit publier une description détaillée de ce monument, avec plans, façades, coupes et ornements intérieurs et extérieurs. Dans le même ouvrage est comprise la description de l'ancienne église de l'Intercession de la sainte Vierge [Pokrova], qui se trouve encore près du couvent Bogolubow, à douze verstes de Vladimir, et qui a servi de prototype à la cathédrale de Saint-Dmitri. D'après les données historiques rapportées dans cet ouvrage, l'église de l'Intercession de la sainte Vierge a été construite avec les mêmes matériaux et en même temps que la cathédrale de l'Assomption de la Vierge à Vladimir en 1138-1161. Quant à la cathédrale Saint-Dmitri, elle a été édifiée trente-six ans plus tard, en 1194-1197. Les chroniques qui parlent des architectes lombards qu'on a fait venir pour la première de ces cathédrales, contiennent également un passage qui dit formellement que le grand-duc Vsévolod Andréiévitch n'a pas eu recours, pour la construction de la cathédrale de Saint-Dmitri, à des étrangers, et qu'il avait ses propres architectes dans ses provinces de Souzdal et de Rostov. Ce témoignage vient à l'appui de l'opinion exposée ci-dessus.

Aussi, quand l'École Stroganoff entreprit de rechercher, au profit des industriels russes, les sources d'un style artistique vraiment national, ses premières études se portèrent, entre autres, sur la cathédrale de Saint-Dmitri. Les ornements architecturaux de cet édifice ont été surmoulés sur place, et l'on obtint ainsi une collection composée de trente et une colonnes de dessin varié, de deux portails, de l'arc réunissant les colonnes, de la frise et de plusieurs bas-reliefs de l'extérieur. Simultanément a été exécuté un autre travail consistant en une reproduction fidèle en fer et en bois des deux portes de bronze, dites de Korsoun, de l'église de la Nativité de la sainte Vierge dans la ville de Souzdal, du gouvernement de Vladimir. Sur l'une de ces portes se trouve représentée l'histoire de l'Ancien Testament; sur l'autre, les fêtes de la Vierge et du Seigneur [1]. Il n'a pas été encore possible de déterminer la date du travail de ces portes, mais, d'après les ornements, le style en est évidemment byzantin et présente peu d'analogie avec celui de la cathédrale de Saint-Dmitri. De la comparaison de ces deux monuments, dont l'un rappelle le style roman et l'autre le style byzantin, découle la certitude que la Russie possédait alors déjà des éléments artistiques formant le milieu entre ces deux manières différentes.

Un grand appui est fourni à cette opinion par l'étude comparée des anciens manuscrits grecs et slavo-russes, dont plusieurs sont richement décorés de miniatures, de vignettes, d'initiales et d'ornements peints à la main. Sous le rapport de l'authenticité, ces monuments scripturaux ont même plus de portée que les anciens édifices et les objets d'art : conservés à l'abri des couvents et des lieux saints, ces manuscrits ont mieux échappé à l'influence destructive du temps; en outre, ils sont, pour la plupart, datés et portent des signes indubitables de leur origine. En effet, on ne saurait confondre un manuscrit grec avec un manuscrit slavo-russe, et les ornements qui décorent le dernier proviennent évidemment d'un artiste russe. Entre les uns et les autres, il y a des analogies, sans doute, mais on y découvre également de notables différences, qui parlent toutes en faveur de l'originalité de l'art russe. Le nombre des manuscrits qui se trouvent actuellement en Russie dans divers dépôts publics et privés est considérable : ils constituent une source abondante d'ornements aussi remarquables par leur beauté que par leur caractère particulier. La série des écrits grecs, ornés de peintures, commence à une époque assez reculée et va jusqu'au xve siècle; les manuscrits slavo-russes apparaissent au xie siècle et s'étendent jusqu'au xviiie.

Cinq années d'un travail assidu ont été consacrées à l'exploration de cette mine du passé : l'œuvre n'est pas encore achevée, mais nous possédons déjà une riche collection de *fac-simile* d'ornements grecs et slavo-russes.

Ainsi, dès le commencement de l'année 1866, l'École Stroganoff a pu se flatter d'avoir obtenu deux grands résultats : les traces de l'ancien art russe, témoignant de son indépendance, étaient retrouvées; en outre, on avait tiré de l'oubli une masse de matériaux d'une ornementation remarquable et caractéristique, offrant un précieux concours à l'art dans son application à l'industrie.

Toutefois, la tâche entreprise n'était pas encore accomplie : pour lui donner toute sa portée pratique, il fallait en propager les résultats, éveiller la sympathie générale pour les trésors si longtemps méconnus de l'ancien art russe, et surtout rendre cet art accessible aux industriels et aux artistes. Afin d'atteindre ce but, on a eu recours, en 1866 [2],

---

1. Une partie des moulages en plâtre des ornements de la cathédrale de Saint-Dmitri, ainsi qu'un calque reproduisant les portes de Korsoun, ont figuré à l'Exposition universelle de Paris en 1867. Les moulages se trouvent actuellement au musée de Cluny.

2. En 1865, un certain nombre de ces reproductions avaient déjà paru à l'Exposition des produits de l'industrie nationale à Moscou.

à deux expositions successives à Moscou et à Saint-Pétersbourg. Les surmoulages et les reproductions recueillis ont été exposés devant un nombreux public dans les deux capitales et soumis à l'examen des connaisseurs. L'exposition de Saint-Pétersbourg, ouverte dans les salons de la Société pour l'encouragement des artistes, a été honorée de la visite de Sa Majesté l'Empereur et des membres de la famille Impériale. Bientôt une occasion se présenta de produire ces travaux sur une scène plus vaste encore : elle fut offerte par la section de l'histoire du travail à l'Exposition universelle de Paris, en 1867. Pendant six mois, les amateurs et les artistes du monde entier ont pu y voir un grand choix des reproductions de l'ancien art russe exposées sous la rubrique générale : *Matériaux se rapportant à l'histoire du travail en Russie, du X⁰ au XVIII° siècle, recueillis par le Musée d'art et d'industrie de l'École Stroganoff de Moscou.* Enfin ce musée lui-même est ouvert au public et aux industriels depuis le mois d'avril 1868; plus de cent planches, contenant les *fac-simile* des anciens ornements, sont étalées sur les murs et les tables de ses galeries; le reste y est conservé dans des cartons qui sont également à la disposition des artistes, des industriels et des amateurs. C'est toujours dans le même but de faire connaître l'ancien art russe qu'a été entrepris et exécuté cet ouvrage.

L'examen pouvant facilement se porter sur ces reproductions faites avec autant de fidélité que de soin, il n'est pas nécessaire de s'étendre sur la portée artistique de ces œuvres, de même que sur les particularités qui distinguent les peintures slavo-russes de celles des maîtres byzantins. Les amateurs et les artistes jugeront eux-mêmes de la richesse d'invention, de l'harmonie des couleurs, de l'élégance des enlacements et du dessin, dont sont pénétrés ces vestiges de l'ornementation ancienne. Ils pourront apprécier *de visu* comment les ornements slavo-russes, tout en s'appropriant les principaux traits du style byzantin, révèlent une création indépendante et un type tout à fait à part, étranger à la copie et même à l'imitation. Il est à remarquer toutefois que ce caractère spontané de l'ornement russe se maintient seulement du XII au XVI siècle inclusivement. Les travaux plus récents, à partir du XVII° siècle, perdent visiblement ce type remarquable; l'influence de l'Occident commence à se faire sentir, et la pureté du goût s'altère de plus en plus. Par suite, cette collection que nous offrons au public ne contient que des ornements slavo-russes du XI° au XVI° siècle. Les ornements byzantins s'y trouvent compris en nombre limité; ils ne sont là que pour la comparaison; toutefois on y voit les spécimens de l'art grec depuis le X° siècle jusqu'au XV°, c'est-à-dire jusqu'à la chute de l'empire d'Orient.

Il nous paraît nécessaire de donner quelques détails sur les dépôts où reposent les originaux, et où l'on a puisé toutes ces reproductions tendant à ranimer l'art éteint au profit de l'art contemporain. Les données qui suivent constatent l'authenticité des sources et en révèlent en même temps l'abondance, en vue d'autres travaux analogues.

Les plus remarquables de ces dépôts, qui, dès l'origine, ont attiré l'activité des collectionneurs, se trouvent à Moscou même; ce sont : la bibliothèque synodale, le musée public dit Roumiantzoff, la bibliothèque du couvent Tchoudoff, la sacristie de la cathédrale de l'Archange Saint-Michel (Archangelskoï Sobor) et quelques collections privées; puis, dans les environs de Moscou, la Laure de Saint-Serge et le couvent de la Résurrection (Voskrésensk), autrement dit Nouvelle-Jérusalem.

La bibliothèque du Saint-Synode, ci-devant bibliothèque des Patriarches, occupe une place des plus respectables parmi les monuments historiques de Moscou. Fondée au XII⁰ siècle par les métropolitains de Kiew, elle a été transférée, en même temps que la chaire métropolitaine, à Vladimir sur Kliazma et ensuite à Moscou. Les acquisitions les plus importantes de ce dépôt se rapportent à la période du Patriarchat et principalement, au patriarchat de Nikon, qui l'enrichit d'un grand nombre de manuscrits tirés des couvents du mont Athos et d'autres localités grecques, ainsi que des couvents russes de Saint-Cyrille à Bélosersk, de Saint-Serge, de Volokolamsk et autres. Actuellement la bibliothèque synodale possède cinq cent neuf manuscrits grecs, mille huit manuscrits slavo-russes et cent dix-huit chartes et autres actes divers. Les manuscrits grecs contiennent des copies de l'Ancien et du Nouveau Testament, les écrits des Apôtres et des Pères de l'Église, les Vies des saints, les Canons, etc. Les pièces les plus remarquables par leur ancienneté sont les Évangiles des VII⁰, VIII⁰, IX⁰ et X⁰ siècles. Plusieurs de ces manuscrits sont ornés de miniatures; on doit citer, entre autres: un Nouveau Testament du XII⁰ siècle contenant les images des évangélistes et des prophètes; un acathiste de la sainte Vierge, de la même époque, avec tous les ikos et les condaques[1] représentés en peinture; un ménologe *(tchétiaminéïa)* illustré, avec les images des saints et des dessins représentant leurs actions et leur martyre. Les manuscrits slavo-russes se rapportent à la théologie, à la liturgie, à l'histoire de l'Église et à d'autres sujets canoniques. On y rencontre également des miniatures, des vignettes et d'autres ornements. L'exemplaire le plus remarquable est un recueil (*sbornik* ou *isbornik*) écrit en l'année 1073 pour le grand-duc Sviatoslav Iaroslavitch, contenant les extraits des premiers Pères de l'Église chrétienne, et orné de vignettes et de dessins. Un de ces derniers représente un temple, dans l'intérieur duquel on voit des saints; un autre, le grand-duc Sviatoslav entouré de sa famille et portant l'ancien costume russe.

Plus de quatre-vingt-dix planches de copies *fac-simile* d'ornements divers ont été tirées de la bibliothèque synodale. Elles proviennent de quarante-sept manuscrits grecs et de cinquante et un manuscrits slavo-russes. Les époques d'exécution des manuscrits grecs se répartissent ainsi : treize manuscrits appartiennent au X⁰ siècle; quinze aux X⁰ et XI⁰; quatorze au XI⁰; trois aux XI⁰ et XII⁰; un au XII⁰ et un au XV⁰ siècle. Des manuscrits slavo-russes, un se rapporte au XI⁰, trois au XIII⁰, dix au XIV⁰, neuf au XV⁰, vingt et un au XVI⁰, cinq au XVII⁰ et deux au XVIII⁰ siècle.

Le Musée public de Moscou est l'ancien Musée Roumiantzoff. Il a été transféré de Saint-Pétersbourg à Moscou en 1861, avec sa belle collection de manuscrits slavo-russes, formée par le comte Serge Pétrovitch Roumiantzoff. D'après un catalogue dressé

---

1. Dans le langage liturgique, on appelle *ikos* ou *condaque* l'hymne qui donne la signification d'une fête ou qui contient les louanges d'un saint.

en 1842 par M. Vostokoff, cette collection contenait alors quatre cent soixante-quatre manuscrits ; actuellement, grâce aux acquisitions nouvelles, le nombre s'est accru jusqu'à cinq cent dix-sept. Dans ce chiffre se trouvent comprises des copies, exécutées par ordre du comte Roumiantzoff, d'anciens écrits conservés dans diverses bibliothèques et archives. Avec quelques manuscrits du siècle actuel, on compte en tout cent quatre-vingt-dix exemplaires de ces copies modernes, de sorte que le nombre de vieux manuscrits slavo-russes, tous remarquables par leur rareté, ne dépasse pas trois cent vingt-sept, dont quarante-cinq sont sur parchemin. Trois appartiennent au xiie siècle, dix au xiiie, vingt au xive et quarante-trois au xve siècle. Sous le rapport de l'ornementation artistique, doivent être cités particulièrement : un évangéliaire écrit en 1164, l'Échelle de saint Jean illustrée (xiie siècle), un évangéliaire daté de l'année 1270, et deux autres manuscrits du xiiie siècle.

Les travaux de reproduction dans ledit Musée ont fourni trente-quatre planches de format grand colombier, représentant en *fac-simile* de miniatures et d'autres ornements, tirés de trente et un manuscrits slavo-russes.

Le couvent de Tchoudoff se trouve dans l'intérieur du Kremlin de Moscou : il a été fondé en 1365 par le métropolitain saint Alexis, sous le règne du grand-duc Dmitri Donskoï, et contient trois églises : la cathédrale de Saint-Alexis, celle de l'Annonciation et celle du Miracle de l'Archange Saint-Michel. C'est entre les deux premières églises, qui sont bâties l'une à côté de l'autre, que reposent les reliques de saint Alexis, dans une châsse d'argent massif, richement ornée de bas-reliefs repoussés, ciselés et dorés; cette châsse fut donnée en 1531 par le grand-duc Basile Ivanovitch et restaurée en 1596 par le czar Féodor Ivanovitch. La sacristie de ce couvent renferme des manuscrits et des objets d'art d'une grande rareté, provenant des donations de grands-ducs, de czars et de boyards. Nous devons citer : le psautier donné par le boyard Dmitri Godounoff en 1600; une copie sur parchemin du Nouveau Testament, écrite, d'après la tradition, de la main de saint Alexis; l'évangéliaire dit de Morozoff, imprimé en 1681, et ayant une reliure en or niellé ornée de brillants, d'améthystes et de grenats; les vases sacrés en or émaillé, relevés de pierres précieuses, donnés en 1674 par le boyard Ilia Morozoff, et d'autres vases offerts en 1711 par la czarine Marie Alexéïévna. En outre, la bibliothèque du couvent Tchoudoff contient des manuscrits slavo-russes des xive, xve, xvie et xviie siècles, ornés de peintures, dont nous avons tiré vingt-huit planches de copies *fac-simile*.

Les murs du Kremlin renferment un autre monument plus ancien que le couvent Tchoudoff : c'est la cathédrale de l'Archange saint Michel, dont la première fondation se rapporte au xiiie ou même à la fin du xiie siècle, quand Moscou existait déjà. Ce temple a dû d'abord être construit en bois; l'inauguration de la cathédrale bâtie en pierre a une date certaine : elle a eu lieu en l'année 1333, sous le grand-duc Jean Calita. En 1505-1507, d'après les ordres du grand-duc Jean III, la même cathédrale a été rebâtie par l'architecte milanais Alevis, et c'est dans cet état qu'elle subsiste actuellement. Le style extérieur est byzantin, avec une nuance lombardo-vénitienne; les peintures murales et les ornements intérieurs se trouvent dépouillés de leur cachet primitif par de fréquentes restaurations. Outre les vases précieux, les vêtements sacerdotaux et divers dons, d'une grande richesse, faits par des czars et par de grands personnages, la sacristie contient des monuments très-rares de l'autographie slavo-russe. Les deux exemplaires les plus remarquables sont : une copie de l'Évangile, faite en l'année 1125 par le fils du prêtre Aleïxa pour le duc de Novgorod Mstislav Vladimirovitch, laquelle a été enlevée de la cathédrale de Sainte-Sophie, à Novgorod, par le czar Jean IV, dit le Terrible; puis un psautier manuscrit in-folio, illustré de fort belles peintures, donné en 1594 par le boyard Dmitri Ivanovitch Godounoff. Quatre planches de *fac-simile* d'ornements ont été empruntées au susdit évangile de Mstislav et à une autre copie évangéliaire également du xiie siècle.

Parmi les collections privées, sur lesquelles se sont portées les recherches de l'École Stroganoff, la plus remarquable est, sans contredit, celle qui a été formée par feu M. Pierre de Sévastianoff [1], qui a consacré à ce travail une grande partie de sa vie, et a visité, dans ce but et à plusieurs reprises, les couvents du mont Athos. Cette collection se compose de soixante-six manuscrits grecs, de trente manuscrits slavo-russes et de quatre en langues orientales. Le petit nombre des exemplaires se trouve compensé par la rareté et l'ancienneté des pièces, et l'on considère à juste titre cette collection comme étant de première importance. Dix-sept écrits slavo-russes appartiennent aux xiiie, xive et xve siècles; neuf au xvie et seulement quatre au xviie. Sous le rapport de l'art, on doit citer surtout un psautier du xive siècle, sur parchemin, d'une fort belle écriture, orné de vignettes et d'initiales d'une valeur artistique remarquable. Parmi les manuscrits grecs, un appartient au ixe siècle, trois aux xe et xie, vingt aux xiie et xiiie, trente et un aux xive et xve, trois au xvie siècle. Parmi ces autographes se trouvent un évangile daté de l'an 1044, sur parchemin, deux autres copies évangéliaires du xiie siècle, et les homélies de saint Jean Chrysostome, sur parchemin in-folio. Ces manuscrits sont décorés de vignettes et d'initiales précieuses pour l'étude; leur ornementation est très-riche. Il y a encore un évangile du xiie siècle, avec les images peintes du Sauveur et de deux évangélistes. La collection Sévastianoff a fourni vingt-quatre grandes planches d'ornements byzantins.

Quelques copies d'ornements ont été tirées de la bibliothèque particulière de M. le conseiller des manufactures Alexis Chloudoff, laquelle contient deux cents manuscrits slaves et plus de cinq cents volumes d'anciens imprimés. Les *fac-simile* reproduisent les miniatures d'un commentaire de l'Apocalypse du xviie siècle et d'un recueil (*sbornik*) daté de l'année 1642.

Le couvent de la Résurrection (Voskrésensk), autrement dit Nouvelle-Jérusalem, est situé sur les bords de la rivière Istra, district de Zvénigorod, gouvernement de Moscou, à cinquante verstes de la ville de Moscou. L'emplacement occupé par ce couvent avait

---

1. La collection de M. de Sévastianoff avait été déjà placée, de son vivant, dans le musée public de Moscou, dit Roumiantzoff.

appartenu anciennement au boyard Boborikinn; il se trouvait sur le chemin du couvent d'Iversk de Valdai. Le patriarche Nikon, en allant à ce couvent, trouva le lieu favorable pour un établissement monastique, acheta la terre à Boborikinn et y construisit, en 1655, une église dédiée à la Résurrection du Seigneur. Le czar Alexis Mihailovitch assista à l'inauguration de cette église, en parcourut les environs avec Nikon, et conçut l'idée de donner au nouveau couvent le surnom de Nouvelle-Jérusalem. Alors se trouvait en Palestine le moine Arsène Souhanoff, cellérier du couvent de Saint-Serge, chargé par le patriarche Joseph, en 1649, de se rendre dans l'Orient pour y comparer les rites russes avec ceux des Grecs. Arsène reçut l'ordre de faire exécuter sur place un modèle exact du temple de Jérusalem. Le modèle parvint à Moscou en 1657, et le patriarche Nikon fit procéder immédiatement à la construction, d'après ce modèle, d'une église qui, durant le séjour décennal de ce prélat au couvent de la Résurrection, a pu être édifiée jusqu'aux voûtes. Les environs de la Nouvelle-Jérusalem reçurent alors des surnoms empruntés aux lieux saints. Ainsi la rivière Istra devint le *Jourdain;* un ruisseau, dont le lit fut creusé près du couvent, fut nommé *Cédron;* les collines voisines reçurent les noms des *monts Thabor* et d'*Hermon*, les villages adjacents ceux de *Nazareth,* de *Champ-du-Potier.* Sur le monticule où le czar Alexis a eu l'idée d'édifier la Nouvelle-Jérusalem, on bâtit une chapelle dite d'*Élion.* La construction du temple même fut continuée sous le czar Féodor Alexiévitch, et n'a été achevée qu'en 1685, sous le règne combiné des czars Jean et Pierre Alexiévitch.

La bibliothèque du couvent de la Résurrection contient plusieurs vieux manuscrits très-rares. Des copies *fac-simile* ont été tirées de cinq planches d'un psautier du xiii° siècle, de trois planches d'un évangile du xiv° siècle et d'une planche des pandectes du moine Antioche, du xi° siècle.

Une source des plus abondantes d'ornements artistiques slavo-russes a été découverte dans la Laure de Trinité Saint-Serge (*Troïtza Sergié*), située dans le district de Dmitrov, à 60 verstes de Moscou. Ce couvent célèbre a été fondé par saint Serge au commencement du xiv° siècle. Dès les années 1353-1357, les environs du couvent commencèrent à se peupler de cultivateurs, et des édifices furent élevés dans son enceinte. Actuellement, la Laure proprement dite contient douze églises et, en outre, plusieurs habitations, des monuments et divers dépôts. Elle est entourée d'une muraille de pierre flanquée de neuf tourelles et percée de quatre portes. La circonférence de cette enceinte mesure plus d'une verste; sa hauteur est de quatre et, dans certains endroits, de sept sagènes et plus. Autour de ces murs s'étend une ville assez populeuse, dite *possade* de Saint-Serge.

Les principaux trésors d'antiquité de la Laure de Saint-Serge se trouvent réunis dans la sacristie. On y conserve des copies précieuses de l'Évangile et d'autres écritures saintes en slavo-russe, les unes sur parchemin, les autres sur papier. Des reproductions en *fac-simile* d'ornements y ont été puisées dans un manuscrit du xii° siècle, trois manuscrits du xiii°, cinq du xiv°, un du xv° et cinq du xvi° siècle.

La bibliothèque proprement dite du couvent, placée au-dessus du réfectoire de l'église de Saint-Serge, se compose de huit cent vingt-huit manuscrits et de six mille cinq cents imprimés. La collection scripturale a été formée en partie de copies exécutées dans le couvent même, et en partie de dons. Les plus remarquables des manuscrits donnés proviennent : du métropolitain Joseph (29 manuscrits), de l'archevêque de Novgorod Sérapion Kourtzoff (21 manuscrits), du cellérier Abraham Palitzine (5 manuscrits), du moine Herman Touloupoff (18 manuscrits). Des copies d'ornements y ont été empruntées à deux manuscrits du xiiie siècle (un Évangile et un Triodion de carême), à trois manuscrits du xive siècle, à quarante-six du xve, à cinquante-cinq du xvie et à trois du xviie siècle. En outre, une bibliothèque spéciale, appartenant à l'Académie ecclésiastique de la Laure de Trinité Saint-Serge, a fourni les reproductions en *fac-simile* de deux planches des ornements d'un psautier du xve siècle et de vingt-huit planches des copies d'écritures saintes du xvie siècle.

Un choix de types d'ornements, aussi remarquables par leur ancienneté et leur authenticité que par le fini et l'élégance du travail, a pu être fait à la Bibliothèque impériale de Saint-Pétersbourg. On sait que cette bibliothèque est une des plus riches de l'Europe. Dans son état actuel, elle possède en imprimés 840,853 volumes, en manuscrits et autographes 29,045 tomes, en estampes 66,162 numéros. Une section spéciale y est consacrée aux œuvres en langues slave et russe.

Dans cette section, la place d'honneur est occupée par le plus ancien des monuments connus de l'autographie slavo-russe, le célèbre Évangile dit d'Ostromir, copié en 1056-1057, à Novgorod, par le diacre Grégoire, pour le posadnik Ostromir. Naguère la place de ce vénérable in-folio était sur l'autel de la cathédrale de Sainte-Sophie, à Novgorod; actuellement, il repose dans la salle numéro 2 de la Bibliothèque impériale, sur un support spécial, sous une cloche de verre, dans une magnifique reliure en argent doré, relevée de pierres précieuses, exécutée d'après les dessins du professeur Gornostaieff dans les ateliers du célèbre orfèvre Sasikoff.

La même salle renferme, rangés par ordre chronologique, les manuscrits slaves ecclésiastiques, depuis le recueil (*sbornik*) du grand-duc Sviatoslav, de l'année 1073, jusqu'aux Commentaires de l'Apocalypse de saint André de Césarée, copiés en 1809. Parmi les manuscrits se trouvent le Nomocanon de l'année 1284 et la célèbre copie de Lavrentieff des Chroniques de Nestor, datée de l'année 1378. Des rayons spéciaux sont affectés aux manuscrits slavo-russes, remarquables soit par le fini des vignettes et des initiales, soit par les images des évangélistes et des saints, soit par les miniatures qu'ils contiennent. Quelques-uns de ces manuscrits remontent jusqu'au xiiie siècle. On doit surtout citer, sous le rapport archéologique et artistique, le Psautier illustré, avec personnages, de l'année 1485, la Vie de saint Alexis, métropolitain de Moscou, écrite au xvie siècle, le Chronographe du xviie siècle, et un Sinodik, avec l'histoire du posadnik de Novgorod Stchilia, de la fin du même siècle.

Non loin de la collection slavo-russe se trouve celle des manuscrits grecs. Cette dernière comprend des fragments du II° siècle, sur papyrus, et des ouvrages autographes de tous les siècles suivants jusqu'au XV° inclusivement. Plusieurs de ces manuscrits sont ornés de miniatures d'une grande perfection, ils sont précieux pour l'histoire de l'art byzantin et pour celle de l'art russe qui en procède. On doit citer particulièrement : les fragments de copies des Évangiles des VI° et VII° siècles, les quatre évangélistes des XI° et XII° siècles, le Nouveau Testament du XII° et les évangéliaires (*tétre*) du XIII° au XV° siècle.

Les acquisitions effectuées au sein de ces richesses archéologiques consistent en copies en *fac-simile* de onze planches, tirées de sept manuscrits grecs du X° au XIII° siècle et de quatre-vingt-neuf planches extraites de quatre-vingt-cinq manuscrits slavo-russes depuis le XI° jusqu'au XVI° siècle.

Des types de l'ancien ornement russe ont été fournis par un autre dépôt de Saint-Pétersbourg; la bibliothèque de l'Académie ecclésiastique, dans le couvent Saint-Alexandre-Nevsky, possède quatre cent quarante-deux manuscrits, la plupart des XVI° et XVII° siècles. Dans le nombre se trouvent des écrits slavo-russes décorés d'ornements peints, dont on a pu tirer sept planches de reproductions en *fac-simile*.

Actuellement, la collection complète des reproductions d'ornements grecs et slavo-russes, puisées aux diverses sources que nous venons d'énumérer, comprend plus de cinq cents planches. C'est dans ce recueil qu'a été fait le choix des types les plus remarquables que nous publions aujourd'hui [1].

Notre ouvrage se compose de cent planches de *fac-simile* d'ornements tirés des manuscrits grecs et slavo-russes. Les ornements byzantins ne sont présentés qu'à titre de comparaison : ils n'occupent que seize planches, dont neuf se rapportent aux X° et XI° siècles, quatre au XII° siècle et trois aux XIII° et XV° siècles. Les quatre-vingt-quatre autres planches représentent, dans l'ordre chronologique, l'ornement slavo-russe depuis le XI° jusqu'au XVI° siècle inclusivement. Chaque planche porte l'indication du siècle auquel appartiennent les ornements, et les tables indiquent les sources dont ils ont été tirés.

Les originaux des planches grecques se trouvent : *dix* à la Bibliothèque impériale de Saint-Pétersbourg, *cinq* à la Bibliothèque synodale de Moscou et *un* au Musée public de Moscou (dit Roumiantzoff). Les originaux des planches slavo-russes sont : *trente-six* à la Bibliothèque impériale de Saint-Pétersbourg, *deux* à la Bibliothèque synodale de Moscou, *deux* à la cathédrale de l'Archange saint Michel, au Kremlin de Moscou, *quatre* au Musée public de Moscou (dit Roumiantzoff), *vingt-trois* à la Laure de Trinité Saint-Serge, *huit* au couvent de la Résurrection ou Nouvelle-Jérusalem, *sept* au couvent Tchoudoff, à Moscou, et *deux* à l'Académie ecclésiastique de Saint-Pétersbourg. Chacune des cent planches de l'ouvrage est accompagnée d'une feuille explicative du même format, représentant, en plus grande dimension, les principaux traits ou contours des dessins historiques.

---

1. Le choix a porté principalement sur les reproductions exécutées en 1867; quelques copies seulement d'ornements slavo-russes du XI° au XII° siècle ont paru à la dernière Exposition universelle de Paris.

Ainsi, l'ouvrage contient deux parties distinctes : la partie *historique*, donnant en grandeur véritable les *fac-simile* exacts des anciens ornements, et la partie *didactique*, représentant au trait les motifs d'ornementation qui peuvent en être tirés. Chacune de ces deux parties est composée de cent planches, disposées dans le même ordre chronologique et donnant l'histoire complète de l'ornement byzantin-russe, à partir du x° jusqu'au xvi° siècle inclusivement.

Victor de BOUTOVSKY,

*Directeur de l'École de dessin industriel, dite Stroganoff,
et du Musée d'art et d'industrie, à Moscou.*

Les dessins ou fac-simile qui forment le présent ouvrage et ceux qui sont exposés dans la section de l'Histoire de l'Ornement russe au Musée d'art et d'industrie de Moscou, ont été faits, sous la direction du Conseiller d'État actuel VICTOR DE BOUTOVSKY, directeur de l'École Stroganoff et du Musée d'art et d'industrie :

Par les académiciens M. VASSILIEFF et P. NISSÉVINE,

Par l'artiste S. STCHÉGOLEFF,

Et par les dessinateurs brevetés de l'École Stroganoff :

J. ADRIANOFF,	A. EXIMOFF,	N. PÉTROFF,
M. AKSENOFF,	V. GAVRILOFF,	J. TARAKANOFF,
P. AKSENOFF,	E. IVANKOFF,	N. TATARINOFF,
P. ALEXÉIEFF,	D. JAGOUGINSKI,	P. TCHÉGLOFF,
J. BROVINE,	J. KOSTINE,	D. TCHÉMODANOFF,
J. CHOUSTOFF,	N. KOUZMITSKY,	J. TCHERNÉZOFF.
J. ELIZOUNOFF,	J. OLÉNEFF,	
A. ERMOLAIEFF,	V. OLÉNEFF,	

L'exécution de l'ouvrage a été dirigée à Paris par M. NATALIS RONDOT.

TABLE DES PLANCHES

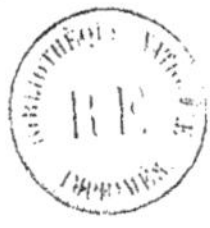

PLANCHE IX.

ORNEMENT BYZANTIN. — 1° Discours de Basile le Grand sur les psaumes, xi° siècle, n° 14 ; 2° Homélies de saint Jean Chrysostome sur Mathieu, 1006, n° 75 (dix-sept *fac-simile*).
Moscou, Bibliothèque synodale.

PLANCHE X.

ORNEMENT RUSSE. — Évangéliaire d'Ostromir, 1056-1057 (douze *fac-simile*).
Saint-Pétersbourg, Bibliothèque impériale.

PLANCHE XI.

ORNEMENT RUSSE. — Évangéliaire d'Ostromir, 1056-1057 (huit *fac-simile*).
Saint-Pétersbourg, Bibliothèque impériale.

PLANCHE XII.

ORNEMENT RUSSE. — Évangéliaire d'Ostromir, 1056-1057 (sept *fac-simile*).
Saint-Pétersbourg, Bibliothèque impériale.

PLANCHE XIII.

ORNEMENT RUSSE. — Évangéliaire d'Ostromir, 1056-1057 (huit *fac-simile*).
Saint-Pétersbourg, Bibliothèque impériale.

PLANCHE XIV.

ORNEMENT RUSSE. — Recueil de Sviatoslav, 1073, n° 31 (quatorze *fac-simile*).
Moscou, Bibliothèque synodale.

PLANCHE XV.

ORNEMENT BYZANTIN. — 1° Les quatre Évangiles suivis de Commentaires, 1062, n° 72 ; 2° Nouveau Testament du xii° siècle, n° 101 (quatorze *fac-simile*).
Saint-Pétersbourg, Bibliothèque impériale.

PLANCHE XVI.

ORNEMENT BYZANTIN. — Nouveau Testament du xii° siècle, n° 101 (huit *fac-simile*).
Saint-Pétersbourg, Bibliothèque impériale.

PLANCHE XVII.

ORNEMENT BYZANTIN. — Nouveau Testament du xii° siècle, n° 101 (six *fac-simile*).
Saint-Pétersbourg, Bibliothèque impériale.

PLANCHE XVIII.

ORNEMENT BYZANTIN. — 1° Paraboles du roi Salomon, xii° siècle, n° 354 (deux *fac-simile*).
Moscou, Bibliothèque synodale.
2° Les quatre Évangiles, xii° siècle, n° 98 (deux *fac-simile*).
Saint-Pétersbourg, Bibliothèque impériale.

PLANCHE XIX.

ORNEMENT RUSSE. — Évangéliaire Jourieff, 1120-1128, n° 1003 (vingt-deux *fac-simile*).
Moscou, Bibliothèque synodale.

PLANCHE XX.

ORNEMENT RUSSE. — Évangéliaire Jourieff, 1120-1128, n° 1003 (vingt-trois *fac-simile*).
Moscou, Bibliothèque synodale.

PLANCHE XXI.

Ornement russe. — Évangéliaire Jourieff, 1120-1128, n° 1003 (vingt *fac-simile*).
Moscou, Bibliothèque synodale.

PLANCHE XXII.

Ornement russe. — Évangéliaire de Mstislav, 1125-1132 (treize *fac-simile*).
Moscou, Cathédrale de l'Archange-Saint-Michel.

PLANCHE XXIII.

Ornement russe. — 1° Échelle de saint Jean Climaque, xii° siècle, n° 198 ; 2° Évangéliaire écrit en 1164 , n° 103 (quatorze *fac-simile*).
Moscou, Musée public (Roumiantzoff).

PLANCHE XXIV.

Ornement russe. — Évangéliaire écrit en l'an 1164, n° 103 (quinze *fac-simile*).
Moscou, Musée public (Roumiantzoff).

PLANCHE XXV.

Ornement russe. — 1° Le droit canon du xii° siècle, n° 230 ; 2° Évangéliaire, xiii° siècle, n° 104 ; 3° Évangéliaire écrit en 1164, n° 103 (dix *fac-simile*).
Moscou, Musée public (Roumiantzoff).

PLANCHE XXVI.

Ornement russe. — Psautier des xii° et xiii° siècles, n° 6 (vingt et un *fac-simile*).
Gouvernement de Moscou, Couvent de la Résurrection ou Nouvelle-Jérusalem (Voskrésensk).

PLANCHE XXVII.

Ornement russe. — 1° Droit canon du xiii° siècle, n° 230 ; 2° Évangéliaire des xii° et xiii° siècles, n° 104 (onze *fac-simile*).
Moscou, Musée public (Roumiantzoff),

PLANCHE XXVIII.

Ornement byzantin. — Les quatre Évangiles, xiii° siècle, n° 105 (onze *fac-simile*).
Saint-Pétersbourg, Bibliothèque impériale.

PLANCHE XXIX.

Ornement byzantin. — Les quatre Évangiles, xiii° siècle, n° 105 (neuf *fac-simile*).
Saint-Pétersbourg, Bibliothèque impériale.

PLANCHE XXX.

Ornement russe. — Évangéliaire du xiii° siècle (seize *fac-simile*).
Moscou, Cathédrale de l'Archange-Saint-Michel.

PLANCHE XXXI.

Ornement russe. — Évangéliaire de l'an 1250 (seize *fac-simile*).
Saint-Pétersbourg, Académie ecclésiastique de la Laure de Saint-Alexandre-Nevsky.

PLANCHE XXXII.

Ornement byzantin. — Anna Paléologue, manuscrit grec du xiii° siècle (collection Sévastianoff) (dix-huit *fac-simile*).
Moscou, Musée public (Roumiantzoff).

PLANCHE XXXIII.

Ornement russe. — Psautier écrit en l'an 1296 par l'écrivain Zacharie sur le Volotz, par ordre de la princesse Marie, n° 235 (neuf *fac-simile*).

Moscou, Bibliothèque synodale.

PLANCHE XXXIV.

Ornement russe. — Psautier, xiii° et xiv° siècles, n° 6 (quinze *fac-simile*).

Gouvernement de Moscou, Bibliothèque du couvent de la Résurrection ou Nouvelle-Jérusalem.

PLANCHE XXXV.

Ornement russe. — Psautier, xiii° et xiv° siècles, n° 6 (quinze *fac-simile*).

Gouvernement de Moscou, Bibliothèque du couvent de la Résurrection ou Nouvelle-Jérusalem.

PLANCHE XXXVI.

Ornement russe. — Psautier, xiii° et xiv° siècles, n° 6 (treize *fac-simile*).

Gouvernement de Moscou, Bibliothèque du couvent de la Résurrection ou Nouvelle-Jérusalem.

PLANCHE XXXVII.

Ornement russe. — Évangéliaire, xiii° et xiv° siècles, n° 1 (vingt-trois *fac-simile*).

Saint-Pétersbourg, Bibliothèque impériale.

PLANCHE XXXVIII.

Ornement russe. — 1° Règle du Juste, xiv° siècle, n° 15; 2° Grégoire le Théologue, xiv° siècle, n° 8 (vingt-quatre *fac-simile*).

Gouvernement de Moscou, Sacristie du couvent Saint-Serge (Troïtza Sergié).

PLANCHE XXXIX.

Ornement russe. — Évangéliaire, xiv° siècle, n° 2 (seize *fac-simile*).

Gouvernement de Moscou, Couvent de la Résurrection ou Nouvelle-Jérusalem (Voskrésensk).

PLANCHE XL.

Ornement russe. — Évangéliaire du xiv° siècle, n° 2 (dix-sept *fac-simile*).

Gouvernement de Moscou, Couvent de la Résurrection ou Nouvelle-Jérusalem (Voskrésensk).

PLANCHE XLI.

Ornement russe. — Évangéliaire du xiv° siècle, n° 2 (dix-sept *fac-simile*).

Gouvernement de Moscou, Bibliothèque du couvent de la Résurrection ou Nouvelle-Jérusalem.

PLANCHE XLII.

Ornement russe. — Psautier du xiv° siècle, n° 3 (treize *fac-simile*).

Saint-Pétersbourg, Bibliothèque impériale.

PLANCHE XLIII.

Ornement russe. — Psautier du xiv° siècle, n° 3 (treize *fac-simile*).

Saint-Pétersbourg, Bibliothèque impériale.

PLANCHE LV.

Ornement russe. — Évangéliaire du xve siècle, n° 13 (dix *fac-simile*).
Saint-Pétersbourg, Bibliothèque impériale.

PLANCHE LVI.

Ornement russe. — Évangéliaire du xve siècle, n° 14 (collection du comte Tolstoï) (treize *fac-simile*).
Saint-Pétersbourg, Bibliothèque impériale.

PLANCHE LVII.

Ornement russe. — Évangéliaire du xve siècle, n° 4 (vingt *fac-simile*).
Gouvernement de Moscou, Bibliothèque du couvent de la Résurrection ou Nouvelle-Jérusalem.

PLANCHE LVIII.

Ornement russe. — Psautier du xve siècle, n° 4 (collection Pogodine) (dix-huit *fac-simile*).
Saint-Pétersbourg, Bibliothèque impériale.

PLANCHE LIX.

Ornement russe. — Psautier du xve siècle, n° 44 (vingt-deux *fac-simile*).
Gouvernement de Moscou, Bibliothèque de l'Académie ecclésiastique du couvent de Saint-Serge.

PLANCHE LX.

Ornement russe. — Psautier du xve siècle, n° 44 (vingt et un *fac-simile*).
Gouvernement de Moscou, Bibliothèque de l'Académie ecclésiastique du couvent de Saint-Serge.

PLANCHE LXI.

Ornement russe. — 1° Emeraude du xve siècle, n° 203; 2° Psautier du prêtre Macarie de Lougetsk, xve siècle, n° 324; 3° Psautier du xve siècle, n° 322 (dix-sept *fac-simile*).
Gouvernement de Moscou, Bibliothèque du couvent de Saint-Serge.

PLANCHE LXII.

Ornement russe. — 1° Apôtre, xve siècle, n° 169; 2° Saint Jean Climaque, xve siècle, n° 168; 3° Abba Dorothée, xve siècle, n° 170 (vingt et un *fac-simile*).
Gouvernement de Moscou, Bibliothèque du couvent de Saint-Serge.

PLANCHE LXIII.

Ornement russe. — 1° Saint Jean Climaque, xve siècle, n° 167; 2° Saint Jean Chysostome, xve siècle, n° 162; 3° Isaac Sirine, xve siècle, n° 173 (vingt et un *fac-simile*).
Gouvernement de Moscou, Bibliothèque du couvent de Saint-Serge.

PLANCHE LXIV.

Ornement russe. — Perle de saint Jean Chrysostome, xve siècle, n° 147 (douze *fac-simile*).
Gouvernement de Moscou, Bibliothèque du couvent de Saint-Serge.

PLANCHE LXV.

Ornement russe. — 1° Perle de saint Jean Chrysostome, xv° siècle, n° 147; 2° Missel du xv° siècle, n° 417; 3° Psautier du xv° siècle, n° 321 (douze *fac-simile*).
Gouvernement de Moscou, Bibliothèque du couvent de Saint-Serge.

PLANCHE LXVI.

Ornement russe. — Bréviaire avec prières, xvi° siècle, n° 352 (neuf *fac-simile*).
Gouvernement de Moscou, Bibliothèque du couvent de Saint-Serge.

PLANCHE LXVII.

Ornement russe. — 1° Vie de saint Jean Chrysostome, xv° siècle, n° 162; 2° Abba Dorothée, xv° siècle, n° 181; 3° Saint Jean Chrysostome, xv° siècle, n° 167 (vingt-trois *fac-simile*).
Gouvernement de Moscou, Bibliothèque du couvent de Saint-Serge.

PLANCHE LXVIII.

Ornement russe. — 1° Apôtre, xv° siècle, n° 128; 2° Éphraïm Sirine, xv° siècle, n° 129; 3° Apôtre, xv° siècle, n° 169 (dix-neuf *fac-simile*).
Gouvernement de Moscou, Bibliothèque du couvent de Saint-Serge.

PLANCHE LXIX.

Ornement russe. — Apôtre, xvi° siècle, n° 72 (six *fac-simile*).
Gouvernement de Moscou, Bibliothèque du couvent de Saint-Serge.

PLANCHE LXX.

Ornement russe. — 1° Apôtre, xvi° siècle, n° 72; 2° Évangéliaire, xvi° siècle, n° 100; 3° Psautier, xvi° siècle, n° 48 (neuf *fac-simile*).
Gouvernement de Moscou, Bibliothèque du couvent de Saint-Serge.

PLANCHE LXXI.

Ornement russe. — 1° Apôtre, xvi° siècle, n° 6; 2° Évangéliaire du moine-prêtre Mercure, xvi° siècle, n° 11 (treize *fac-simile*).
1° Gouvernement de Moscou, Bibliothèque de l'Académie ecclésiastique du couvent de Saint-Serge. 2° Idem. Sacristie du couvent de Saint-Serge.

PLANCHE LXXII.

Ornement russe. — 1° Évangéliaire, xvi° siècle, n° $\frac{44}{23}$; 2° Ménologe du xvi° siècle, n° $\frac{86}{119}$; 3° Climax, xvi° siècle, n° $\frac{19}{23}$ (quinze *fac-simile*).
Moscou, Bibliothèque du couvent Tchoudoff.

PLANCHE LXXIII.

Ornement russe. — Apôtre, xvi° siècle, n° $\frac{34}{47}$ (onze *fac-simile*).
Moscou, Bibliothèque du couvent Tchoudoff.

PLANCHE LXXIV.

Ornement russe. — Apôtre, xvi° siècle, n° 60 (onze *fac-simile*).
Saint-Pétersbourg, Bibliothèque impériale.

PLANCHE LXXV.

Ornement russe. — Apôtre, xvi⁰ siècle, n° 52 (treize *fac-simile*).
Moscou, Bibliothèque du couvent Tchoudoff.

PLANCHE LXXVI.

Ornement russe. — Apôtre, xvi⁰ siècle, n° 52 (quinze *fac-simile*).
Moscou, Bibliothèque du couvent Tchoudoff.

PLANCHE LXXVII.

Ornement russe. — Apôtre, xvi⁰ siècle, n° 60 (onze *fac-simile*).
Saint-Pétersbourg, Bibliothèque impériale.

PLANCHE LXXVIII.

Ornement russe. — 1° Synodicon des princes, des boyards et des ecclésiastiques, xvi⁰ siècle, n° 9 (collection du comte Tolstoï); 2° Apôtre, xvi⁰ siècle, n° 60 (treize *fac-simile*).
Saint-Pétersbourg. Bibliothèque impériale.

PLANCHE LXXIX.

Ornement russe. — 1° Synodicon des princes, des boyards et des ecclésiastiques, xvi⁰ siècle, n° 9 (collection du comte Tolstoï); 2° Apôtre, xvi⁰ siècle, n° 60 (treize *fac-simile*).
Saint-Pétersbourg, Bibliothèque impériale.

PLANCHE LXXX.

Ornement russe. — 1° Synodicon des princes, des boyards et des ecclésiastiques, xvi⁰ siècle, n° 9 (collection du comte Tolstoï); 2° Apôtre, xvi⁰ siècle (treize *fac-simile*).
Saint-Pétersbourg, Bibliothèque impériale.

PLANCHE LXXXI.

Ornement russe. — 1° Évangéliaire du xvi⁰ siècle, n° 29; 2° Apôtre, xvi⁰ siècle, n° 60; 3° Synodicon des princes, des boyards et des ecclésiastiques, xvi⁰ siècle, n° 9 (collection du comte Tolstoï) (onze *fac-simile*).
Saint-Pétersbourg, Bibliothèque impériale.

PLANCHE LXXXII.

Ornement russe. — Évangéliaire du xvi⁰ siècle, n° 116 (onze *fac-simile*).
Saint-Pétersbourg, Bibliothèque impériale.

PLANCHE LXXXIII.

Ornement russe. — Évangéliaire du xvi⁰ siècle, n° 114 (collection Pogodine) onze *fac-simile*).
Saint-Pétersbourg, Bibliothèque impériale.

PLANCHE LXXXIV.

Ornement russe. — Évangéliaire du xvi⁰ siècle, n° 30 (neuf *fac-simile*).
Saint-Pétersbourg, Bibliothèque impériale.

PLANCHE LXXXV.

Ornement russe. — Évangéliaire du xvi⁰ siècle, n° 137 (collection Pogodine) (neuf *fac-simile*).
Saint-Pétersbourg, Bibliothèque impériale.

PLANCHE LXXXVI.

Ornement russe. — Évangéliaire de l'an 1535, n° 22 (collection Pogodine) (quatre *fac-simile*).
Saint-Pétersbourg, Bibliothèque impériale.

PLANCHE XCVIII.

Ornement russe. — Évangéliaire, xvi° siècle, n° 38 (quatre *fac-simile*).
Saint-Pétersbourg, Bibliothèque de l'Académie ecclésiastique du couvent de Saint-Alexandre-Nevsky.

PLANCHE XCIX.

Ornement russe. — Apôtre, xvi° siècle, n° 96 (neuf *fac-simile*).
Saint-Pétersbourg, Bibliothèque de l'Académie ecclésiastique du couvent de Saint-Alexandre-Nevsky.

PLANCHE C.

Ornement russe. — Les quatre Évangiles, xvi° siècle, n° 25 (dix *fac-simile*).
Saint-Pétersbourg, Bibliothèque impériale.

PARIS J. CLAYE, IMPRIMEUR, 7, RUE SAINT-BENOIT. — [71.]